Aufbruch

Meine Erfahrung mit Burnout

Aufbruch

Ins tiefe Tal und wieder hinaus

Meine Erfahrung mit beruflicher Überforderung und Burnout

Luca Rossi

Bibliografische Information der Deutschen Nationalbibliothek:

Die Deutsche Nationalbibliothek verzeichnet diese Publikation in der Deutschen Nationalbibliografie; detaillierte bibliografische Daten sind im Internet über dnb.dnb.de abrufbar.

Herstellung und Verlag: BoD – Books on Demand, Norderstedt

Dieses Buch ist als E-Book und als Paperback erhältlich.

ISBN: 978-3-756 883 400

ausgebrannt

Ich kann nicht mehr
es ist alles sinnlos
ich krepiere
ich brauche Zeit
ich brauche Ruhe
ich brauche Abstand
ich gebe auf
warum passiert dies gerade mir?

Diese und unzählige andere Gedanken gehen mir am 23. März 2020 um 9 Uhr morgens durch den Kopf. Dies ist mein **Zusammenbruch,** meine berufliche Bankrotterklärung, die zum **Ausbruch** aus meinem bisherigen, einigermassen geordneten Berufsleben und schliesslich zu einem **Aufbruch** zu neuen Ufern führt.

Ich zeige auf, wie es dazu kam, wie sich ein Burnout anfühlt, wie man damit umgehen kann, was man eher tun oder eher lassen sollte, wie lange es dauert, bis man wieder einigermassen auf dem Damm ist, und wie man sich nachher fühlt.

Das Buch soll Betroffenen, Angehörigen oder Burnout-Gefährdeten helfen und ein Stück Wegweisung geben oder auch nur das Wissen, dass sie nicht allein sind.

»Diese Prosa ist nicht als ein Versuch zu werten, irgendwelche Geschichten zu erzählen, sondern als ein notwendiger Versuch, mit sich selbst etwas auszufechten, oder, wie ich vielleicht besser, nachträglich sage, einen Kampf zu führen, der nur dann einen Sinn haben kann, wenn man ihn verlor.«

Friedrich Dürrenmatt

im Nachwort zu »Die Stadt«, erschienen 1961 im Buchclub Ex Libris, Zürich

Erster Teil – Hintergrund

Ich wurde in den frühen 1960er-Jahren geboren und wuchs ziemlich behütet in einer kleinen Familie in der Nähe von Zürich auf. Nach dem Gymnasium konnte ich an der bekannten und hochgelobten ETH (Eidgenössische Technische Hochschule) in Zürich ein Ingenieurstudium beginnen und dieses 1987 mit dem Diplom abschliessen.

Bereits zu dieser Zeit hatte ich Phasen starker Euphorie und grosser Schaffenslust, abwechselnd mit eingetrübten bis depressiven Zeiten, die oft mehrere Wochen oder sogar Monate dauerten.

Ich fühlte mich an der ETH nicht besonders wohl und hatte nur wenige Freunde, aber das Studium war interessant und vielseitig. Ich durfte Vorlesungen bei sehr kompetenten und international bekannten Dozenten besuchen (zum Beispiel bei Professor Niklaus Wirth, dem Erfinder mehrerer Programmiersprachen).

Gute Freunde fand ich zum Glück in einer christlichen Jugendgruppe in einem anderen Stadtteil von Zürich. Manche dieser Beziehungen halten bis heute, 40 Jahre später.

Weil Ingenieure auf dem Schweizer Arbeitsmarkt stark gesucht sind, fand ich nach dem Studium sofort einen Job bei einer Grossbank in Basel. Bei dieser ersten Arbeitsstelle hatte ich zwar sehr interessante Arbeiten, die ich ziemlich selbstständig ausführen konnte, aber ich fühlte mich nicht wirklich gut aufgehoben. Mit dem Karrierestreben vieler Kollegen in der Bank konnte ich wenig anfangen.

Bereits nach einem Jahr kündigte ich wieder, zog zurück zu meinen Eltern und versuchte mich mit Projekten auf freiberuflicher Basis. Etwa ein Jahr später hatte ich einen Teilzeitjob in einer kleinen Softwarefirma und arbeitete daneben tageweise in einer Drogenentzugsstation mit, wo ich sehr interessante Menschen mit vielfältigen Lebensgeschichten und diversen Schwierigkeiten kennenlernte.

Mit etwa 25 Jahren lernte ich in Zürich meine spätere Ehefrau kennen. Wir hatten zuerst zwei Jahre lang eine rein kollegiale Beziehung. Zu dieser Zeit wohnte ich in einer Wohngemeinschaft in der Nähe von Zürich. Im Sommer 1990 heirateten wir und wenige Jahre später kamen unsere beiden Söhne zur Welt.

Unsere Beziehung als Ehepaar war und ist von tiefem gegenseitigem Verständnis geprägt, allerdings kommen wir aus extrem gegensätzlichen Familienverhältnissen, was es für uns beide nicht immer einfach macht, den Partner in seinem Denken, Sprechen und Verhalten zu verstehen.

Etwa zu dieser Zeit entwickelte ich eine ausgeprägte bipolare Störung, welche man früher manisch-depressive Erkrankung nannte.

In den Hochphasen konnte ich stundenlang mit anderen diskutieren, brauchte wenig Schlaf, hatte viele berufliche und private Pläne und fühlte mich oft super und ein wenig abgehoben. Fast sicher folgten auf solche Phasen viele Wochen oder bis zu mehrere Monate lange Depressionen. Diese führten zu starker Niedergeschlagenheit, Antriebslosigkeit, Minderwertigkeitsgefühlen, beruflichem Stress und quälend wiederkehrenden Zwangsgedanken. Zwar begriff ich mit der Zeit, dass dies alles wieder vorbei geht, aber ich hatte kaum je eine professionelle Beratung oder Hilfe in Anspruch genommen.

Irgendwie dachte ich zu jener Zeit, dass die Leute eigentlich merken müssten, wie schlecht es mir geht, und mich irgendwann zu einem Arzt oder Psychiater verfrachten würden. Aber dies geschah nie automatisch und so blieb ich mit meinen Ängsten, aber auch mit meinen übersteigerten Ideen oft allein. Heute weiss ich, dass man einen Menschen wirklich gut kennen und ihm genau zuhören muss, um einen Eindruck zu erhalten, wie es ihm wirklich geht und welche Hilfe dieser Mensch braucht.

Glücklicherweise war ich ab Sommer 1996 einige Zeit bei einem Arzt in einer Beratung. Dieser führte neben der normalen Praxis für Allgemeinmedizin jeweils am Donnerstag Besprechungen für Menschen in schwierigen Lebenssituationen durch. Die wichtigste Erkenntnis aus dieser Zeit war für mich, dass es vielen Menschen so geht wie mir und dass es durchaus Lösungsansätze gibt, aber dass man nicht aus seiner Haut schlüpfen kann und manche Dinge im Leben ein Stück weit akzeptieren (sich mit ihnen versöhnen) muss.

Diese ausserordentlich schwierige und belastende Zeit dauerte im Wesentlichen von 1987 bis 2006 und war von mehreren beruflichen Veränderungen geprägt. Zum Glück fand ich meistens eine Arbeitsstelle in einem Grossbetrieb, die nicht mit hohem Stress verbunden war, sonst hätte ich diese Zeit nicht überstanden.

Die wichtigsten Faktoren zur allmählichen seelischen Gesundung waren:

– Der **Ausbruch** aus belastenden und unfreien privaten Beziehungen, verbunden mit einem Umzug,

– die Übernahme von Verantwortung im persönlichen Umfeld,

– stabile Beziehungen im engsten privaten Kreis.

Mit anderen Worten: wenn ich zu dieser Zeit allein gelebt hätte und bei der Arbeit zum Beispiel mit Mobbing konfrontiert gewesen wäre, hätte ich diese Zeit kaum überlebt.

Im Jahr 2002 zogen wir von Zürich weg in den Kanton Aargau, wo wir ein Haus erwerben konnten. Dies bedeutete für mich Loslösung von belastenden Beziehungen und sehr einseitigen Lebensauffassungen, die mich über viele Jahre stark geprägt und mehrheitlich negativ beeinflusst hatten. Unsere Kinder konnten sich rasch in den neuen Schulklassen einleben, für meine Ehefrau bedeutete der Umzug aber das Verlassen guter und langjähriger Freundschaften und das Aufbauen von neuen Beziehungen.

Wenn ich heute nach vielen Jahren auf diese Zeit in den 1990er-Jahren zurückblicke, sehe ich einen jungen, unreifen und sehr unsicheren Mann, der überall versuchte, seine Rolle zu spielen, und doch stets spürte, dass die angezogenen Kleider viel zu gross und erst noch unbequem waren: die Rolle als Ehemann, als Vater, als Mitglied einer Kirche, als Verkaufs-Mitarbeiter, als technischer Projektleiter, als Intellektueller, als politisch interessierter und verantwortlicher Mensch in der Gesellschaft. In keiner dieser Rollen fühlte ich mich wirklich wohl, überall schien ich von äusseren Anforderungen und Erwartungen eingeengt zu sein, und alle diese Anforderungen waren in meinem Denken und meiner Empfindung viel zu hoch und zu hart für mich.

Die »anderen« schienen es immer irgendwie zu schaffen, auch wenn mir rational absolut klar war, dass auch die »anderen« durch Krisen und Schwierigkeiten hindurch gehen müssen.

Es kam zu einer fast permanenten emotionalen Belastung, die mich schliesslich noch unsicherer machte und mich immer mehr zwang, meine Rollen zu spielen, weil ich mich oft nah am Abgrund fühlte, sollte es mir eines Tages nicht mehr gelingen, meine coole Fassade und meine intellektuelle Überlegenheit aufrechtzuerhalten.

Ich war, vereinfacht gesagt, nicht ich selbst, aber ich wusste auch nicht, wer ich eigentlich bin, und ich fürchtete mich wahrscheinlich vor diesem Ich, das ich nicht wirklich kannte oder erfassen konnte.

Interessant ist auch zu erwähnen, dass ich seit Herbst 1986 bis Sommer 2021 immer wieder heftige Migräneanfälle hatte. Anfangs kamen diese ungefähr ein Mal pro Monat, in der schlimmsten Zeit in den 1990er-Jahren waren es oft zwei bis drei Attacken pro Woche. Besonders oft wachte ich am Samstagmorgen bereits mit Migräne auf und verbrachte dann mindestens den halben Tag zwischen Schlafzimmer und Toilette pendelnd. Zum Glück wurden mir ab 1995 spezialisierte Medikamente (Triptane) verschrieben, welche mir wesentlich halfen. Heute sehe ich die Migräne als Teil eines komplexen Problems, welches durchaus lösbar ist, wenn man bereit ist, gesamtheitlich daran zu arbeiten.[1]

Überforderung

Ungefähr im Jahr 2004 arbeitete ich in einem sehr grossen Projekt mit internationalen Partnerfirmen und erlitt mein erstes Burnout[2]. Obwohl ich von meiner Rolle im Projekt gar nicht dafür zuständig war, fühlte ich mich irgendwie verantwortlich, bei mehrwöchigen Testphasen vor Ort mitzuarbeiten und zu koordinieren. Ich war mit vielen Leuten tätig, die ich kaum kannte und stand wochenlang wie unter Strom. Mit dem Arbeitsweg dauerten meine Arbeitstage etwa 12 bis 13 Stunden. Ein wichtiger Fachexperte war krankheitshalber ausgefallen. Ständig hatte ich irgendwelche Anrufe, um Dinge zu organisieren oder zu koordinieren.

1 Ich meine damit überhaupt nicht, dass man nicht zum Arzt gehen oder keine Medikamente einnehmen soll. Ich habe aber einiges über Psychosomatik gelernt und dass man gerade chronische Schmerzkrankheit nicht nur körperlich (somatisch) identifizieren und behandeln sollte.

2 Ein Burnout wird im Deutschen meist als Erschöpfungsdepression bezeichnet. Im Unterschied zu anderen Arten von Depressionen entsteht ein Burnout meistens im Zusammenhang mit beruflichem Stress oder Arbeit, die als überfordernd wahrgenommen wird. Selbstverständlich können andere Faktoren mitwirken. Die Folgen eines Burnouts sind nur teilweise mit den typischen Symptomen einer depressiven Störung vergleichbar.

Gegen Ende dieser Testphase fühlte ich mich absolut hilflos und überfordert. Ich rief den CEO unserer Firma an, welcher zusammen mit meinem Vorgesetzten und dem Verkaufschef nach wenigen Stunden auf dem Testgelände erschien. Zwar konnten sie mich ein wenig beruhigen, doch nach dieser Zeit fühlte ich mich viele Wochen lang wie in Watte gepackt. Ich konnte zwar weiterhin arbeiten, aber ich reichte dem Projektleiter schriftlich meinen Rücktritt aus der bisherigen Projektverantwortung ein, was dieser sofort akzeptierte. (Er selbst erlitt wenige Monate später ebenfalls ein Burnout, worauf die ganze Projektverantwortung dauerhaft in andere Hände übergeben wurde.)

In der Folge hatte ich eher interne und koordinierende Aufgaben mit weniger Kundenkontakt. Ich konnte mich zum Beispiel stundenlang auf das Übersetzen von technischen Spezifikationen oder das Erarbeiten von Teilen grosser Offerten für Folgeprojekte konzentrieren.

Dies, und auch das Verständnis meiner Vorgesetzten half mit, dass ich nach zwei bis drei Monaten wieder mehr Sicherheit gewann und mich bereit erklärte, in Teilprojekten Verantwortung zu übernehmen.

Interessanterweise endete das mehrere hundert Millionen schwere Gesamtprojekt mit etwa fünf beteiligten Grossfirmen aus ganz Europa wenige Jahre später in einem Fiasko. Die angeschaffte Lösung konnte zwar für Schulungszwecke verwendet werden, aber die zum Teil extrem teuren Installationen erfüllen kaum mehr ihren Zweck.

Vom Regen in die Traufe

Aufgrund vieler organisatorischer Veränderungen in jener Firma überlegte ich mir ab etwa 2005, ob ich eine neue Stelle suchen sollte. Weil ich nun schon mehrere Jahre in einer interessanten

Branche arbeitete, wechselte ich schliesslich zu einer grossen Organisation innerhalb der schweizerischen Bundesverwaltung und war nun in Bern und Thun tätig. Leider hatte ich mich vor dem Stellenantritt viel zu wenig mit den wirklichen Anforderungen an diese Tätigkeit und den dort arbeitenden Menschen auseinander gesetzt, obwohl ich einige Leute in dieser Abteilung recht gut kannte. Ich hätte nur die richtigen Fragen stellen und noch einen oder zwei Monate zuwarten müssen.

So begann ich im Frühling 2006 recht motiviert diese neue Arbeitsstelle und wurde sofort in einer Spezialfunktion in ein grosses und komplexes Projekt gesteckt (welches etwa zwei Jahre später ergebnislos abgebrochen wurde). Ich lernte rasch viele neue Leute kennen und kam mit den verschiedenen Projektleitern einigermassen gut zurecht. Aber ich hatte meine Rechnung nicht mit meinem Chef und meinen »Kollegen« gemacht. Die Arbeitskollegen waren zu einem grossen Teil sehr frustriert, wie man es da und dort in der Bundesverwaltung antrifft. Viele arbeiteten schon seit Jahrzehnten in der gleichen Abteilung und waren neuen Technologien überhaupt nicht gewachsen. Sie hatten vielleicht einmal als Elektriker oder Maschinenzeichner angefangen, und nun kam ein ETH-Ingenieur als Überflieger, der auch gegenüber hohen Kadern in der Bundesverwaltung kaum Berührungsängste zeigte, aber keinerlei Erfahrung mit dem »Filz« und dem Kadavergehorsam in der Bundesverwaltung hatte.

Jedenfalls spürte ich bereits nach einem Jahr, dass ich wohl am falschen Ort gelandet war. In den Projektarbeitsgruppen an verschiedenen Orten in der Schweiz und in Deutschland kam ich einigermassen zurecht, aber die Bürotage waren einfach schrecklich. Ich erinnere mich heute noch an einen Tag, an dem ich kurz das Fenster öffnete und hinunter schaute. Wir arbeiteten etwa im siebten Stock eines grossen Bürogebäudes. Ich dachte: »Jetzt einfach springen und du hast den ganzen Scheiss hinter dir.« Mein Bürokollege, mit dem ich zum Glück ein gutes Verhältnis hatte, musste dies sofort gespürt haben, er kam zu mir und versuchte mir zu helfen.

Etwas Gutes hatte die Arbeit in der Bundesverwaltung: Zum einen durfte ich mehrere Weiterbildungen absolvieren. Zum anderen konnte ich kostenlos etwa alle zwei Wochen eine psychologische Beratung in Anspruch nehmen, bei der meine Situation professionell und einfühlsam analysiert wurde. Eigentlich wollte ich mich irgendwie durchkämpfen und meine negativen Gefühle unterdrücken, aber die Beraterin kam mit mir recht bald zu dem Punkt, dass nur ein erneuter Stellenwechsel den enormen Druck beseitigen konnte.

So ging ich ungefähr Ende 2007 mithilfe eines Stellenvermittlungsbüros wiederum auf die Suche nach Neuland.

Zu dieser Zeit schlief ich oft schlecht und wachte etwa eine Stunde nach dem Einschlafen mit mühsamen Träumen wieder auf. In diesen Träumen zeigten »Kollegen« mit dem Finger auf mich und sprachen schlecht über mich. Heute ist mir klar, dass dies nicht einfach Träume waren, sondern harte Realitäten, die ich auf diese Weise mehr schlecht als recht verarbeitete. Ebenso ist mir klar, dass ich mich eigentlich hätte krank schreiben lassen sollen, um diese Zeit besser zu überstehen.

Rückblickend war diese Zeit eine der schwierigsten meines Berufslebens. Die Atmosphäre kann man als extrem intransparent beschreiben, mit latentem Mobbing. Ich fühlte mich als Versager und dachte immer wieder: »wäre ich doch bei der alten Stelle geblieben, wo ich, trotz internen Veränderungen und einem Outsourcing, seit vielen Jahren die gleichen Kollegen hatte.« Wie konnte ich nur so dumm sein, mich in dieses Minenfeld in Bern und Thun zu wagen. Der einzig grosse Fehler lag immer bei mir. Ja, ich selbst war der Fehler.

Ohne mich wäre die Welt besser, mit Menschen, die es irgendwie schaffen.

Solcherart waren zu jener Zeit meine Gedanken. Glücklicherweise hatte ich inzwischen privat recht gute Freundschaften und Leute, welche sich echt um mich kümmerten. Ausserdem übernahm ich im Sommer 2006 wiederum eine praktische Aufgabe in meiner Kirche. Diese Funktion bescherte mir zwar zusätzliche Arbeit, aber auch ein bisschen Abschalten von den beruflichen Herausforderungen. Unsere Söhne hatten bereits das Teenager-Alter und ein bisschen Selbstständigkeit erreicht. Meine Ehefrau hatte sich inzwischen an mein Auf und Ab gewöhnt und war mit ihrer recht guten seelischen Stabilität eine Art Anker für mich, wenn sie auch nicht alles nachvollziehen konnte, was mit mir geschah.

Schritt für Schritt

Ich fand schliesslich Mitte 2008 eine neue Stelle in einem grossen Unternehmen, wo ich zuerst in Zürich, später aber wieder in Bern arbeitete. Unser Wohnort liegt zwar etwas näher bei Zürich, aber mit dem Zug ist man auch in weniger als einer Stunde in Bern.

Bei dieser Stelle arbeitete ich an Kundenprojekten, die manchmal ein wenig exotisch waren, aber gutes Geld einbrachten. Plakativ ausgedrückt, ging es darum, möglichst viele Arbeitsstunden auf verschiedene Projektbudgets zu belasten, wo kaum jemand genau hinschaute, und doch eine halbwegs sinnvolle Arbeit zu verrichten, die meistens in irgendwelchen technischen oder organisatorischen Berichten resultierte. (Wir waren keineswegs eine Beraterfirma, aber unsere Abteilung erarbeitete hauptsächlich Grundlagen für grosse Projekte, welche dann oft wieder in irgendeiner Schublade verschwanden.)

Die Mitarbeiter waren in Ordnung, es gab auch hier immer wieder mal organisatorische Wechsel und neue Chefs, die uns aber meistens in Ruhe liessen, solange wir genügend Projektstunden leisteten.

Ich war zu dieser Zeit schon etwa 45 Jahre alt und dachte, dass ich mich hier wohl bis zu meiner Pensionierung irgendwie einrichten könnte. Doch es kam anders: nach einigen frustrierenden Erfahrungen las ich aufs Geratewohl einige Jobangebote und stiess auf eine Stelle, die exakt auf mich zugeschnitten schien.

Die Aufgabenbeschreibung passte, die technischen Erfahrungen passten, das eingesetzte Softwareprodukt passte, und: der Arbeitsort lag etwa vier Kilometer von unserem Wohnort entfernt!

Sofort bewarb ich mich für diese Stelle und nach wenigen Wochen war klar, dass meine Qualifikationen sehr gut den Anforderungen entsprachen.

Mein bisheriger Chef in Bern zeigte Verständnis, dass ich meinen Arbeitsweg von etwa einer Stunde und zwanzig Minuten auf fünfzehn Minuten verringern wollte und liess mich ziehen.

In diesen Jahren von 2008 bis 2012 konnte ich seelisch langsam stabiler werden. Es gab immer noch viele Berge und Täler, aber diese waren nicht mehr so bedrohlich, die Täler waren nicht mehr so tief und dunkel wie früher.

»Kantönligeist«[3]

Meine neue Stelle war wiederum in einer Verwaltung, diesmal nicht beim Bund, sondern beim Kanton Aargau[4]. Wiederum hatte ich interessante Aufgaben und konnte diese ziemlich selbstständig gestalten, und ich fühlte mich bei den Kollegen relativ wohl.

Leider gab es wiederum, ähnlich wie früher in der Bundesverwaltung, ein grosses Problem. In der Privatwirtschaft geht es am Ende immer um Geld: man braucht Kunden, diese bringen Geld für Produkte oder Dienstleistungen, mit dem Geld kann man gute Löhne bezahlen und auch Informatik und Weiterbildungen finanzieren. Das Geld ölt unsere Wirtschaft und ist die Grundlage für unseren Wohlstand. Mit diesem Geld bezahlen wir Steuern und Krankenkassenprämien. Mit dem Steuergeld werden neue Autobahnen, Bahnlinien oder Schulen gebaut und mit den Krankenkassenprämien Ärzte und Pflegende bezahlt. Neue Spitäler und Spezialkliniken entstehen. Dank den Hochschulen haben wir gut ausgebildete Leute und an den Spitälern können gut honorierte Ärzte und Ärztinnen arbeiten und die Leute gesund oder krank pflegen. Dieses System kam mir zwar ein bisschen verlogen vor, aber ich habe es dreissig Jahre lang selten grundsätzlich hinterfragt. Ich fühlte mich einigermassen wohl in der Schweiz und war durchaus stolz darauf, in einem Land mit stabilen Strukturen und wenig Korruption zu leben. (Heute sehe ich dies ein bisschen anders.)

Aber zurück zur kantonalen Verwaltung. Diese funktioniert nicht mit Geld, dieses ist dank den Steuerzahlern und irgendwelchen Finanzflüssen zwischen Bund, Kantonen und Gemeinden einfach

---

3 Damit bezeichnen wir in der Schweiz vor allem die recht eigenständige Kultur und eine gewisse Eigenwilligkeit vieler kantonaler Regierungen oder Verbände; aber auch die 26 verschiedenen Steuersysteme und manches andere.

4 Der Kanton Aargau ist in Bezug auf die Wohnbevölkerung einer der grössten Kantone der Schweiz. Die kantonale Verwaltung beschäftigt mehrere Tausend Mitarbeitende.

vorhanden. Man muss es nur gut verplanen. In Wirklichkeit aber geht es um (offene und heimliche) Beziehungen, Ansehen, jahrelanges Aussitzen von komplizierten Organisationen und Projekten, bis du irgendwann aufsteigen oder intern wechseln kannst. Plötzlich bist du in einer höheren Lohnklasse, kannst eine Weiterbildung machen und Prestige gewinnen. Der Kanton Aargau zahlt unglaublich viel Geld in die Pensionskasse und irgendwann landest du dann auf der sonnigen Seite (wenn du es lange genug aussitzt und noch bei klaren Sinnen erlebst).

Aber wehe, du kommst jemandem zu nahe. Genau dies passierte mir. Nach einem etwas durchzogenen ersten Projekt begannen wir ein weit grösseres Projekt, welches auf viele Jahre hin angelegt war. Es ging um die Ablösung eines schon viele Jahre im ganzen Kanton eingesetzten Softwareproduktes durch eine Neuentwicklung des gleichen Herstellers. Mein Vorgesetzter wollte mich durchaus in einer Teilverantwortung in diesem Projekt einsetzen. Leider gab es eine Kollegin, die schon viele Jahre in dieser Abteilung und mit diesem Softwareprodukt arbeitete. Sie war natürlich prädestiniert für dieses Projekt. Diese Kollegin duldete kaum jemanden neben sich und schon gar nicht über sich. Sie akzeptierte wohl den Chef, aber der Chef musste auch ihre Launen und »Personalentscheidungen« akzeptieren.

Infolge einer unglücklichen Kommunikation meinerseits war die Stimmung von einem Tag auf den anderen komplett verdorben. Die Kollegin verhielt sich sehr distanziert mir gegenüber. Mein Chef bemühte sich um eine gute Stimmung. Ich versuchte in anderen Projekten etwas Nützliches zu machen. Aber es war tote Hose.

Schliesslich war ich noch etwa zur Hälfte meiner Arbeitszeit einigermassen ausgelastet. Man kann sich am Büroarbeitsplatz zwar mit vielem die Zeit vertreiben, aber irgendwann wird es so richtig öde.

Man kann sich gut vorstellen, dass ein Mann, der jahrelang Depressionen hatte, in einer solchen Situation nicht unbedingt glücklich ist.

Wiederum die Erfahrung: als intelligenter Mitarbeiter mit vielen Jahren Erfahrung trifft man auf schwächer ausgebildete, aber sehr gut vernetzte Leute, die sich dann irgendwie bedroht fühlen und alles versuchen, um einem die Arbeit zu vermiesen. Sie können einem zwar nicht kündigen, aber sehr viele Steine in den Weg legen.

Für solche Situationen war ich zu naiv, in meiner Kommunikation zu direkt und geradlinig, in meinem Verhalten durchaus teamfähig, aber plötzlich fühlte ich mich in die Enge getrieben. Diese Erfahrung würde ich nicht als klassisches Mobbing bezeichnen, aber es fühlte sich doch irgendwie so an. Mein Chef stand halbwegs zu mir und hätte bei einem internen Wechsel durchaus ein gutes Wort für mich eingelegt. Aber die Stimmung war vergiftet.

Es geht mir nicht darum, mich nur als Opfer darzustellen, aber es war ein einziger, keineswegs persönlich gemeinter Fehltritt meinerseits, der zu einer etwa einjährigen Isolation führte. Ich hatte noch ein einziges Projekt, wofür ich wichtige Vorarbeiten leisten konnte, aber die Arbeit und die Atmosphäre waren lähmend geworden.

Einmal mehr eine sichere Stelle, wo ich es grundsätzlich bis zur Pensionierung geschafft hätte, aber ein Arbeitsklima zum Verzweifeln.

Inzwischen hatte ich die Altersgrenze von 50 Jahren überschritten und spürte, dass mir die Zeit langsam davonlief. Unsere Söhne waren erwachsen und befanden sich beide in anspruchsvollen Studiengängen.

Aufbruch und nahender Absturz

Nach einigen erfolglosen Bewerbungen konnte ich dank persönlichen Beziehungen aus einem früheren Projekt eine Stelle in der Nähe von Aarau antreten. Nach vielen Jahren in sehr grossen Firmen und Organisationen war es diesmal eine mittelgrosse Firma mit recht starken Produkten und Dienstleistungen. Über zwanzig Jahre war das Unternehmen in einer Marktnische stark geworden und kontinuierlich gewachsen. Bei meinem Eintritt Mitte 2015 beschäftigte es etwa 60 Mitarbeitende. Alle paar Monate wurden neue Leute eingestellt.

Nach einem schwierigen Start in einem grossen Kundenprojekt konnte ich in enger Abstimmung mit der Geschäftsleitung das ganze Qualitätsmanagement (QM) neu aufbauen. Da die Firma immer wieder an öffentlichen Ausschreibungen von kantonalen oder kommunalen Verwaltungen teilnahm, war ein zertifiziertes QM-System ein wichtiges Plus. Dieses umfasst möglichst klar beschriebenen Geschäftsprozesse, Rollen, Verantwortungen und Vorgaben für verschiedene Abläufe wie das Erstellen von Offerten oder das Führen von Projekten. Ebenso enthält das QM-System Elemente zur Messung und Verbesserung der Mitarbeiter- und der Kundenzufriedenheit.

Wie schon in früheren Tätigkeiten konnte ich in den Jahren 2016 bis etwa 2019 recht eigenständig, aber mit dem Vertrauen und guten Kontakten mit den internen Stakeholdern meine Begeisterung für das Qualitätsmanagement ausleben. Die Firma erreichte die ISO-9001-Zertifizierung, womit ein wichtiger Meilenstein erreicht war.

Daneben arbeitete ich bei einer grossen Ausschreibung mit. In enger Zusammenarbeit mit der ganzen Geschäftsleitung, einem externen Projektleiter und vielen internen Systemspezialisten erstellten wir über mehrere Monate ein sehr grosses und komplexes Angebot für ein Projekt, welches viele Jahre dauern würde. Die Angebotssumme war mehr als das Doppelte unseres bisherigen Jahresumsatzes. Leider erhielten wir aber nicht den Zuschlag für dieses Projekt. Die Kunden entschieden sich für ein anderes Unternehmen mit etwas mehr Erfahrung in wichtigen Schnittstellen zwischen verschiedenen Systemen, obwohl deren Angebot wesentlich teurer war als das unserer Firma.

Ich leistete in dieser Zeit viele Überstunden und machte Abend- und Wochenendarbeit, aber es war eine spannende Zeit, welche mir noch mehr Vertrauen der Mitglieder der Geschäftsleitung einbrachte.

Aufgrund des negativen Bescheids in diesem Grossprojekt war klar, dass wir als Firma in wenigen Jahren unsere zwei grössten Kunden verlieren würden, welche einen erheblichen Teil zu unserem Jahresumsatz beitrugen.

Dadurch kam die Geschäftsleitung unter einen gewissen Druck, die Firma mit neuen Produkten oder Dienstleistungen besser auf den Markt auszurichten. Dies war aber der Anfang vom Ende.

Unser CEO, welcher auch die Aktienmehrheit besass, engagierte einen externen Berater, welcher höchst zweifelhafte Leistungen vollbrachte. Den Mitarbeitenden wurde die anstehende Neuorganisation als der ganz grosse Wurf angekündigt. Die Geschäftsleitung zog sich beinahe ein Jahr lang zu endlosen Sitzungen und Workshops zurück und war für normale Fragen kaum mehr erreichbar. Mein Vorgesetzter, selbst auch Mitglied der Geschäftsleitung, funktionierte noch als E-Mail-Verteilmaschine. Dadurch nahm der Druck auf mich und viele Kolleginnen und Kollegen enorm zu. Eine sehr nette Kollegin verliess rechtzeitig unser Team.

Gleichzeitig hatte ich ein immer schlechteres Gefühl, wohin unsere Firma steuerte. Ich war inzwischen etwa fünf Jahre dort tätig und hatte in vielen Aufgaben eng mit der Geschäftsleitung und vielen Teamleitern zusammengearbeitet. Ich war sehr loyal gegenüber dem Unternehmen, aber die (gefühlten) Schwierigkeiten der Firma wurden immer mehr zu meinen eigenen Problemen, die mich auch am Wochenende kaum mehr ruhig werden liessen. Ich war oft gereizt und fühlte mich fast andauernd gestresst. In bestimmten Situationen konnte ich richtig ausrasten, was für mich sehr ungewöhnlich ist.

Aus der Geschäftsleitung drang kaum ein Wort über die neue Strategie und Organisation zu den Normalsterblichen. Ironisch ausgedrückt war es etwa so, wie wenn die EU-Kommission ein Jahr lang hinter verschlossenen Türen über die Aufnahme von fünf neuen Mitgliedsländern beraten würde. Man erfährt aber erst ganz am Schluss, welches diese fünf Länder sind und ob diese die EU mitfinanzieren oder nur aussaugen.

Aber: unsere Firma war kein Grosskonzern, sondern immer noch ein KMU mit inzwischen etwas mehr als 100 Mitarbeitenden. Sie fühlte sich aber langsam wie eine Grossbaustelle an, wo der Bauleiter kaum mehr die Übersicht hat, ob nun waagrecht oder senkrecht gebohrt wird.

Langjährige Mitarbeiter wurden nicht in die Überlegungen mit einbezogen. Man hatte ja schliesslich den super Berater dabei, welcher kaum Referenzen vorweisen konnte und gemäss seiner Webseite eher esoterisch unterwegs war. Es handelte sich um einen typischen Helikopter-Berater: sie kommen, wirbeln viel Staub auf und fliegen rechtzeitig wieder ab, bevor die Katastrophe kommt. Der Berater verdient gutes Geld, ist aber in gar keinem Fall für die Folgen verantwortlich. Schliesslich berät er ja nur, entscheiden tun immer die anderen.

Abschied

Im Herbst 2019 stirbt mein Vater plötzlich und unerwartet. Wir durchleben als Familie eine sehr intensive Zeit. Die Abdankungsfeier in der Kirche im Dorf, in dem meine Eltern schon längere Zeit gewohnt haben, wird schön gestaltet.

Plötzlich trifft man nach vielen Jahren wieder Verwandte und Bekannte und kann sich ein wenig austauschen und auch das Leid miteinander teilen.

So vieles kommt einem nachher in den Sinn, was man den Vater gerne noch gefragt hätte, was man ihm gerne noch an schönen Erinnerungen mitgeteilt hätte. Aber es ist zu spät. Diese Erfahrungen kann man nur nachempfinden, wenn man sie selber macht. Sie lassen sich zwar erklären, aber sie bleiben einem verborgen, wenn man nicht selber mitten drin ist.

Mein Bruder kümmert sich um alle nötigen finanziellen und organisatorischen Aufgaben für meine Mutter. Sie lebt weiterhin in ihrer eigenen Wohnung. Jetzt, da ich dies schreibe, denke ich daran, dass sie in Kürze 88 Jahre alt wird. Wir sind froh und dankbar, dass sie noch relativ gesund und geistig fit ist.

Auf mich wartet im Geschäft viel Arbeit. Nach wenigen Tagen bin ich wieder mittendrin im Chaos von Projekten, Kundenumfragen, Verkaufsunterstützung, Haufen von E-Mails, neuen Mitarbeitenden, die ich in manche Dinge einführe, Datenschutzthemen und einer Zukunft, die immer mehr im Nebel versinkt.

Ich werde ohne Rückfrage sozusagen über Nacht in neue Aufgaben hineingestossen, weil ich nicht Nein sagen kann oder mich erst zu wehren beginne, wenn es schon zu spät ist. »Abgrenzen« wird zum Unwort des Jahres, jedenfalls für meinen Chef.

2020

Der Jahreswechsel von 2019 zu 2020 ist von Stress, unbewältigten Gefühlen und vielen unguten Vorahnungen überschattet. Nach wenigen Urlaubstagen bin ich wieder voll in der Arbeit drin.

Die neue Organisation im Geschäft ist jetzt Wirklichkeit. System-Analysten, die viele Jahre in der Entwicklung gearbeitet haben, werden zwangsweise in die neue Verkaufsabteilung überführt. Einige sind frustriert und wechseln intern in eine andere Abteilung. Einige verlassen das Unternehmen. Der Verkauf war über viele Jahre praktisch eine Nebenfunktion von zwei Kundenbetreuern, welche fünfzehn oder zwanzig Jahre Erfahrung mit den Kunden und Produkten haben. Nun entsteht plötzlich eine Verkaufsorganisation mit fünfzehn Mitarbeitenden. Einige neue Verkaufsmitarbeiter kommen aus völlig anderen Branchen und haben null Erfahrung mit dem Behördengeschäft. Kaum jemand scheint sich Gedanken darüber zu machen, dass der Verkauf zuerst viel Geld kostet und nur mit Glück auch mehr Umsatz bringt.

Der CEO schwärmt davon, mit neuen Dienstleistungen den Markt zu erobern und in wenigen Jahren einige Hundert neue Stellen zu schaffen. Ich habe meine Zweifel: für öffentlich-rechtliche Kunden ist beim Einkauf von Dienstleistungen eine offene Ausschreibung gemäss WTO[5] zwingend. Eine solche beansprucht in der Regel ein bis zwei Jahre.

Bereits ein Jahr später geschieht das genaue Gegenteil seiner Versprechungen.

Nach vielen Jahren mit einer sehr flachen Organisation (Mitarbeiter – Teamleiter – Geschäftsleitung) haben wir nun plötzlich eine

5 World Trade Organisation; ein standardisiertes Verfahren gemäss WTO für öffentliche Ausschreibungen, welche potenziell alle geeigneten Anbieter von Produkten oder Dienstleistungen im Inland und Ausland einbeziehen und ihnen die Möglichkeit zum Offerieren geben.

etwa fünfstufige Aufbauorganisation, in der aber noch viele Stellen unbesetzt sind.

Nachdem ich schon mehr als dreissig Jahre in verschiedenen Firmen und Organisationen gearbeitet habe, ist mir klar, dass dies nicht gut kommt. Aber niemand hört mir zu. Soll ich etwa den Geschäftsleiter am Kragen packen und ihm meine Gedanken ins Gesicht schreien? Wird er es verstehen oder verschliesst er sich der Vernunft? Mein direkter Vorgesetzter scheint voll hinter den Entscheidungen der Geschäftsleitung zu stehen, er ist linientreu.

Meine Ehefrau nimmt in dieser Zeit genau wahr, dass es mir zunehmend schlecht geht. Es ist ein schleichender Prozess, der ungefähr im Frühjahr 2019 beginnt und im März 2020 zum Höhepunkt kommt.

Absturz

Im Februar 2020 präsentiere ich meinem Vorgesetzten eine grosse Liste mit allen meinen Aufgaben und Pendenzen. Ich versuche ihm zu erklären, dass ich mit meinem 80%-Pensum unmöglich alle diese Aufgaben in genügender Qualität wahrnehmen kann. Er wirkt leicht verärgert, dass ich ihn mit solchen Diskussionen belaste. Offenbar ist er der Meinung, ich solle meine Arbeit machen und wenn nötig Überstunden schieben. Ich gehe wie ein geschlagener Hund aus dieser Besprechung.

Zwischenmenschlich hatten wir bisher ein gutes Verhältnis, aber arbeitsmässig: wenig Verständnis, kaum Empathie. Vermutlich ist er selbst derart unter Druck, dass er kaum Zeit für andere hat. Aber das ist nicht das Verhalten, das ich von einem langjährigen Chef erwarte. E-Mails verteilen kann auch eine künstliche Intelligenz. (Eine solche würde, wenn sie gut programmiert ist, noch einen ermutigenden Satz dazu schreiben oder auf meine besten Tageszeiten Rücksicht nehmen.)

Die WHO- und Medien-Pandemie beginnt. Ich soll Unterlagen für die Geschäftsleitung erstellen, was man in einer Pandemie macht. Offenbar bin ich nun plötzlich auch Experte für Pandemien. Allerdings ohne irgendwelche Ausbildung oder Erfahrung in diesem Bereich. Aber die »Pandemie« bringt ja viele neue »Experten« hervor.

Ein langjähriger Mitarbeiter fährt mich an, weil ich mich weigere, selbst über Homeoffice-Pflicht für alle Mitarbeitenden zu entscheiden. Ich erstelle Entscheidungsgrundlagen, mache Pläne, lese mich in das Thema ein. Ich versuche zu begreifen, was um uns herum geschieht.

Es kommt, wie es kommen muss.

Ich fühle mich wie in einem Gefängnis.
Ich bin immer noch ziemlich loyal gegenüber der Firma.
Ich sehe den Absturz kommen.
Ich bin hilflos.

Ich habe kaum Menschen, die meine Situation verstehen.
Man redet nicht, ausser über Alltägliches.
Man sitzt wochenlang im Homeoffice.
Man kommuniziert über
Videokonferenzen
und E-Mails.

Ich fühle mich allein und allein gelassen.
Ich stehe am Abgrund.
Ich stürze.
Ich bin tot.
Tot.

23. März 2020 – Zusammenbruch

Ich bin nicht ganz tot. Es ist Montag morgen, etwa 8 Uhr 30. Vermutlich habe ich ein wenig erholsames Wochenende hinter mir. Ich arbeite zu Hause. Ich starre in den Bildschirm. Ich checke die E-Mails. Jedes neue macht mir Angst. Die alten E-Mails klagen mich an: Warum hast du das noch nicht erledigt? Warum gibst du keine Antwort? Die Zeit verrinnt.

Es ist unmöglich, weiterzuarbeiten. Ich könnte ein E-Mail öffnen und dann zehn Minuten nachdenken. Etwas schreiben. Nein, das Geschriebene wieder löschen. Soll ich etwas anderes schreiben? Soll ich es später beantworten? Ich weiss nicht, es macht mir Angst. Interessiert es überhaupt jemanden, ob ich antworte? Schwärzt mich jemand beim Chef an, wenn ich nicht innert 24 Stunden reagiere? Gibt es ein Gesetz, wie lange man warten darf, bis man ein Mail beantwortet?

Ich bin kaum zu einer Bewegung fähig, aber meine Gedanken rasen:

»Ich kann nicht mehr«
»Es ist alles sinnlos«
»Ich krepiere«
»Ich bin ein ewiger Versager«
»Ich brauche Zeit«
»Ich brauche Ruhe«
»Ich brauche Abstand«
»Ich gebe auf«
»Scheiss-Job«
»Warum passiert dies gerade mir?«
»Alle werden mit dem Finger auf mich zeigen«

Du bist ein Versager. Unfähig, Druck auszuhalten. Dumm.

Ich weiss nicht mehr alle Gedanken dieses Tages, aber solche müssen es gewesen sein.

Vielleicht ist es ja besser, wenn man mich in der Psychiatrie »versorgt«. Ich bin ohnehin ein Versager. Andere machen viele Überstunden und gehen abends noch in den Ausgang. Fahren am Wochenende in die Berge zum Skifahren. Sie lachen. Sie haben eine dicke Haut.

Ich kann nicht lachen und nicht weinen. Ich bin extrem dünnhäutig. Ich habe keine Energie mehr. Es ist aus und vorbei. Sterben[6] oder flüchten. Wenn ich ganz weit weg wäre, ohne Mails, ohne Handy, dann könnte ich vielleicht überleben, wenn ich Glück habe.

Aber ich darf nicht weg.

Es ist mein Gefängnis. Ich habe es gewählt.

Es ist das Gefängnis meines Lebens.

Meiner Perfektion.

Meines Nettseins.

Meiner Konformität mit dem System.

Meiner Angst, zu versagen.

Meiner Angst, nicht akzeptiert zu sein.

Aufatmen

Ich sage irgendeine Besprechung ab. Ich schreibe meinem Chef, wie es mir geht. Er antwortet bald per E-Mail, dass er um 16 Uhr mit mir sprechen möchte. Ich denke, vielleicht interessiert es ihn ja doch, wie ich mich fühle. Vielleicht auch nicht.

Ich schalte den Computer aus und gehe wohl nach draussen.

6 Ich bin zu diesem Zeitpunkt glücklicherweise nicht suizidgefährdet.

Plötzlich fühle ich mich besser. Ich kann fünf oder sechs Stunden abschalten. Die Welt geht vermutlich nicht unter in sechs Stunden. Die Firma läuft irgendwie weiter.

Habe ich ein Leben? Gibt es ein Leben ohne (solche) Arbeit? Ich weiss es nicht.

Standortbestimmung

Um 16 Uhr spreche ich kurz mit meinem Chef. Ich mache ihm klar, dass ich mindestens ein paar Tage Auszeit brauche. Er reagiert verständnisvoll. Er bittet mich, ihn auf dem laufenden zu halten.

Krank

Ich trage mich für einige Tage als krank ein.

Keine Mails. Keine Projekte. Keine Besprechungen.

Ich schlafe so lange wie es mir gut tut. Ich trinke meinen Kaffee. Ich gehe nach draussen. Es ist Frühling, kurz vor Ostern. Die Natur blüht auf. Ich atme. Ich denke über mich nach, aber nicht zu viel.

Der Abstand von der Arbeit tut sofort gut.

Hilfe von aussen

Ich vereinbare einen Termin mit dem Pfarrer unserer Kirche.

Wir verstehen einander gut. Er ist viele Jahre jünger als ich, hat aber schon einige Erfahrung mit Menschen in Krisensituationen. Er zeigt mir die Burnout-Skala in einem Buch von Dr. Samuel Pfeifer[7]. Er erklärt mir, dass es bis zu einer bestimmten Stufe wieder gut werden kann. Wenn man aber auf Stufe 11 oder 12 ange-

7 Man findet diese Skala, ähnlich wie bei Pfeifer, auf Wikipedia: https://de.wikipedia.org/wiki/Burn-out im Abschnitt „Phasen des Burnout“ (Stand Ende 2022)

langt ist und einen schweren Burnout erleidet, kann es geschehen, dass man auch nach Jahren nicht wieder ins gewohnte Berufsleben zurück kann.

Nach meiner Einschätzung bin ich auf Stufe 9 (Abstumpfung) oder Stufe 10 (Innere Leere) angelangt. Stufe 11 ist Depression, Stufe 12 ist völlige Erschöpfung.

Weil ich in früheren Jahren schon ähnliche Erfahrungen hatte, besonders im Zusammenhang mit beruflichem und privatem Stress, kann ich es ziemlich gut einordnen.

Ich überlege, ob ich zum Arzt soll, warte aber noch zu. (Etwa zwei Wochen später bin ich beim Arzt, dann über ein Jahr ungefähr einmal pro Monat bei einer Psychologin.)

Überleben

Die folgende Woche arbeite ich wieder, aber jeden Tag etwa sieben Stunden (vier Tage pro Woche).

Bald darauf ist Ostern, ich habe sowieso eine Woche Ferien geplant und somit etwa zehn Tage frei. Ich fahre stundenlang mit dem Auto kreuz und quer durch die Schweiz. Es ist »Lockdown«, die Strassen sind praktisch leer. Ich fühle mich emotional relativ gut. Meine Ehefrau akzeptiert, dass ich Abstand brauche.

Ungefähr zu dieser Zeit (vermutlich am Osterwochenende) stellt sie mir eine persönliche Frage. Wir sitzen etwa 15 Minuten nebeneinander auf dem Sofa, aber ich bin nicht fähig, ihr zu antworten. Mir gehen tausend Antworten durch den Kopf, aber bei jeder möglichen Antwort überlege ich zuerst, was meine Worte bei ihr auslösen könnten, ob dies wirklich eine ehrliche Antwort ist, usw.

Diese Situation ist ein typisches Zeichen einer ziemlich schwerwiegenden Störung im psychischen und sozialen Bereich. Auch zwei Jahre später bin ich manchmal noch sehr zurückhaltend mit persönlichen Kontakten, die mich irgendwie stressen könnten.

Nach den Osterferien arbeite ich einigermassen regelmässig. Emotional geht es mir rasch wieder besser. Aber die Dinge sind nicht verarbeitet. Wenige Monate später kommt es zum Bruch: Ich sage meinem Chef, dass ich mich im Jahr 2021 möglicherweise verändern möchte. Mein Plan ist, noch mindestens ein bis zwei Jahre mit einem reduzierten Pensum im gleichen Unternehmen weiter zu arbeiten, und daneben etwas auf selbstständiger Basis aufzubauen.

Mein Chef gibt mir zwei Tage später eine Vereinbarung zum Unterschreiben, dass das Arbeitsverhältnis »voraussichtlich« zum 30. Juni 2021 beendet wird. Ich unterschreibe ohne lange nachzudenken. Es ist keine Kündigung, und ich habe diese Arbeitsstelle nie gekündigt.

Am 30. Juni 2021 um 16.15 Uhr ist das Arbeitsverhältnis beendet. Ich habe vorher noch etwa fünfzehn Arbeitstage Zeit, um eine neue Kollegin einzuarbeiten.

Zu diesem Zeitpunkt bin ich beinahe 58 Jahre alt. In vielen Fällen ist es in diesem Alter schwierig bis aussichtslos, nochmals einen neuen regulären Job zu finden.

Das Vertrauensverhältnis zwischen mir und meinem Chef und zwischen ihm und mir ist beschädigt. Die allermeisten Kollegen realisieren nicht, was bei mir abgelaufen ist. Der Personalleiter und dessen Assistentin sind sehr loyal zu mir.

Nur vier Monate später, Ende Oktober 2021, erhalten acht Kolleginnen und Kollegen die Kündigung aus wirtschaftlichen Gründen und drei kündigen von sich aus. Genau zehn Prozent der Mitarbeitenden verlassen zum Jahreswechsel 2021–2022 die Firma. Dies weniger als zwei Jahre nach der Ankündigung des CEOs, Hunderte neuer Stellen zu schaffen.

Ich schreibe dies nicht mit Schadenfreude und auch nicht mit der Faust im Sack, aber ich habe den Eisberg schon 2019 kommen sehen.

Der Kapitän hatte alle Maschinen auf »volle Kraft voraus« gestellt. Ruder hart Backbord, das war die sogenannte neue Marktorientierung, aber der Eisberg ist grösser und stärker. Einige konnten rechtzeitig das Schiff verlassen und fanden ein intaktes Rettungsboot. Viele befinden sich immer noch auf dem Schiff. Die Musik spielt weiter.

Die gewaltige Neuorganisation ist knapp zwei Jahre nach der Einführung Makulatur. Einige Abteilungen werden ausgegliedert, um als eigenständige Unternehmen weiterzukämpfen.

Zweiter Teil – Umgang mit Burnout

Die Burnout Skala

Die Skala hat 12 Stufen. Die Stufen 1 bis 3 oder 4 erlebt wohl fast jeder ab und zu. Die Stufen 5 (Zynismus), 6 (Verleugnung der auftretenden Probleme) und 7 (Rückzug) haben damit zu tun, dass man nicht ehrlich zu sich selbst und zu den anderen ist. Man krampft weiter, versucht weiter, seine Rolle zu spielen, aber es entwickelt sich mit der Zeit eine innere Leere. Man kann diese mit Koffein, süssen Nahrungsmitteln, Alkohol, Beruhigungsmitteln oder Drogen ein wenig überdecken. Aber es wird nicht von selbst besser. Andere Menschen nehmen oft nicht wahr, wie es einem wirklich geht. Nur Menschen, die einem nahe stehen oder die selbst ähnliche Erfahrungen gemacht haben, spüren, dass etwas nicht gut ist. Aber es braucht viel Ehrlichkeit und auch Selbsterkenntnis, um wirklich dazu zu stehen. Meistens will man nicht wahrhaben, dass man Hilfe braucht, obwohl man sich eigentlich genau danach sehnt.

Stufe 8 sind beobachtbare Verhaltensänderungen. Ich schlafe zunehmend schlecht, bin gereizt, fluche manchmal. Ich kann und will mir keine Zeit für private Kontakte nehmen, ich weiche Schwierigkeiten aus, ich mache stundenlang Computergames oder schaue bis spätabends fern. Ich habe Mühe, mich zu konzentrieren. An Stelle von Sport und Bewegung im Freien sitze ich herum und starre ein Loch in die Luft.

Am nächsten Morgen beginnt der Trott von vorne. Ich fühle mich alleine und allein gelassen. Ich kämpfe weiter, aber ich habe kaum noch Energie. Das Leben scheint sinnlos. Vielleicht habe ich Suizidgedanken.

Stufe 9 ist Abstumpfung: Ich funktioniere noch, aber fühle mich wie ein Roboter. Der Kampf ist sinnlos, aber ich kämpfe noch eine Weile. Es ist mir eigentlich egal, wie andere über mich denken. Das Leben ist leer. Nahestehende Leute sind eine Belastung. Ich will nur noch Ruhe. Abhauen. Die Welt verlassen. Zwischendurch geht es ein wenig besser, dann kommt der nächste Hammer. Ein E-Mail, dass das Projekt nicht vorwärts geht, dass der Kunde nervös wird. Was soll's? Das bringt eh alles nichts. Es fühlt sich einfach nur scheisse an. Ich kämpfe mich mit Mühe bis zum Wochenende durch, aber ich finde keine Erholung. Ferien sind vielleicht schön, aber ich weiss genau, dass ich in die Mühle zurückkomme. Ich bin der Hamster im Hamsterrad. Und dieses dreht sich einfach immer weiter. Endlos weiter. Ohne Sinn. Ohne Erlösung.

Wie erkennst du einen drohenden Burnout?

Versuche, mit dir selbst ehrlich zu sein. Vergleiche deine aktuelle Situation mit früheren Jobs oder auch privaten Erlebnissen. Versuche, auf einer Skala deine Schwierigkeiten (seelisch, nervlich, gesundheitlich, Schlaf, Depression, Beziehungen, Erholung, Ausraster usw.) einzuordnen. Frage eine Fachperson, nimm ein Buch zur Hand oder konsultiere eine hilfreiche Webseite.

Du kannst dich nur begrenzt mit anderen Leuten in ähnlichen Situationen vergleichen, weil jede Person gewisse Dinge wieder ganz anders erlebt oder anders auf Mitmenschen reagiert. Es gibt sehr verschiedene Arten von Stress, und du weisst am besten, auf welche Art du reagierst.

Wenn du über mehrere Wochen immer wieder schlecht schläfst, ist das ein Alarmzeichen. Du solltest rasch einen Arzt oder eine Fachperson konsultieren. Schlafmittel können für eine Weile helfen, sind aber definitiv keine Lösung.

Wenn du am Wochenende nicht abschalten kannst, nützt das Wochenende wenig.

Wenn du über mehrere Wochen schlechte Träume wegen der Arbeit hast, dann sei vorsichtig.

Wenn die Stimmung zwischenmenschlich schwierig oder verfahren ist, brauchst du Hilfe und einen neuen Job (auch interne Wechsel können natürlich helfen).

Wenn dich dein Chef möglicherweise anlügt oder dir bei klaren Fragen ausweicht, lebst du gefährlich. Der Chef findet meistens wieder irgend einen Job, du vielleicht nicht.

Wenn du ohne Medikamente nicht mehr durch den Tag kommst oder schlecht einschlafen kannst, dann nützen die Medikamente eine Weile deinem Arbeitgeber, aber bestimmt nicht dir.

Wenn dein Arbeitgeber Probleme mit Arztbesuchen tagsüber hat, nimmt er dich nicht ernst. (Du solltest allerdings das Betriebsreglement beachten. Bei Teilzeitarbeit ist es angemessen, dass du Arzttermine wenn möglich in die freien Tage oder Halbtage legst.)

Was solltest du tun?

Versuche, innert einer Woche mit einem Arzt, Psychologen, Seelsorger oder Psychiater zu sprechen.

Lass dich für mindestens eine bis zwei Wochen krankschreiben.

Versuche, dich nicht für deinen Chef und deine Kollegen oder Kunden verantwortlich zu fühlen.

Nimm die Einschätzung der Schwere deines Zustands von Fachpersonen ernst.

Höre vor allem auf Fachpersonen, denen du vertrauen kannst, und die nicht zuerst dich beurteilen, sondern deine Umstände und deine aktuelle berufliche und private Situation.

Denk nicht zu viel über dich selbst nach.

Denk nicht zu viel an deine Zukunft.

Spiele mit Freunden ein Gesellschaftsspiel.

Treibe mässig Sport.

Gehe einen Tag in die Berge oder auf ein Gewässer. Wenn du Angst hast, alleine zu sein, oder wenn du Suizidgedanken hast, nimm *unbedingt* jemanden mit oder vereinbare eine regelmässige schriftliche Meldung an eine Bezugsperson.

Falls du ein Haustier hast, verbringe viel Zeit mit diesem. Tiere haben mehr Geduld mit uns als Menschen.

Versuche, regelmässig sieben bis acht Stunden zu schlafen.

Prüfe einen Stellenwechsel, aber überstürze nichts. Versuche, deine Chancen auf dem Arbeitsmarkt durch eine Fachperson (z.B. Stellenvermittler) abklären zu lassen.

Frag allenfalls deine Personalabteilung oder einen Sachverständigen über die Versicherungssituation (Krankentaggeld usw.) und kläre ab, ob und wann das Geschäft dir kündigen kann, falls du für längere Zeit krank geschrieben bist.

Versuche unbedingt, nebenberufliche Tätigkeiten und Verpflichtungen (auch sportliche) herunterzufahren. Deine Freunde oder Kollegen werden Verständnis haben, wenn du ehrlich bist.

Versuche, dich an deinem Partner, deinen Eltern oder deinen Kindern zu freuen.

Gehe mit Freunden aus, wenn dir das gut tut.

Freue dich, wenn die Sonne scheint.

Sprich mit Gott.

Was solltest du nicht tun?

Hab kein Mitleid mit deinem Chef oder deiner Chefin, er oder sie ist vermutlich mitverantwortlich für deinen Zustand.

Habe begrenztes Mitleid mit deinen Kolleginnen und Kollegen, jeder kann gelegentlich ausfallen.

Verfalle nicht in Hektik.

Kämpfe dich auf keinen Fall alleine durch.

Bring dich nicht um. Das Leben geht weiter und es ist nicht alles sinnlos.

Sei nicht stark.

Bleibe nicht lange am Stück alleine, ausser das tut dir echt gut.

Denk nicht, dass alles immer schlechter kommt. Es stimmt nicht.

Denk nicht, dass alles besser wird. Manches wird besser, anderes wird schlimmer. Aber es liegt ein Stück weit bei dir.

Trink nicht übermässig Alkohol.

Nimm die Medikamente, die dir vom Arzt verschrieben werden, aber nimm diese regelmässig, ausser wenn du schwere Nebenwirkungen hast (in diesem Fall sprich mit dem Arzt oder Apotheker und *nicht* mit Google oder Wikipedia).

Verlass dich nicht auf den Staat. Er finanziert dich vielleicht, aber er hilft dir garantiert nicht.

Lieg nicht den ganzen Tag herum.

Nimm keinen Anwalt, ausser die Firma kündigt dir unvermittelt oder droht dies kurz nach deiner Krankschreibung an. Ein guter Arzt nützt viel mehr als ein schlechter Anwalt. Gute Anwälte sind teuer. (Falls du eine Rechtsschutzversicherung hast, kannst du dich beraten lassen, wie du dich in einer verfahrenen Situation mit deinem Arbeitgeber verhalten sollst.)

Versuche nicht zu schnell, wieder an deine Arbeitsstelle zurückzukehren, ausser du merkst, dass dir das gut tut und du Aufgaben zugewiesen bekommst, die du gerne machst und die dich nicht stressen.

Wie lange brauchst du zur Wiederherstellung?

Dies ist die schwierigste Frage, weil es stark von deiner Vorgeschichte, deinem privaten Umfeld und deiner seelischen Konstitution abhängt. Rechne mit mindestens mehreren Wochen bis einigen Monaten. Falls es dich richtig aus der Bahn wirft und du eine stationäre Behandlung brauchst, kann es ein bis zwei Jahre dauern, bis du wieder voll oder Teilzeit arbeiten kannst.

In manchen Fällen ist ein beruflicher Wechsel oder eine Umschulung nötig. Auch dies braucht natürlich viel Zeit, kann aber eine positive Herausforderung sein.

Wie gesagt gibt es Leute, die nicht mehr ins Arbeitsleben zurück können. Aus meiner persönlichen Erfahrung sind das eher Ausnahmen, aber es gibt sie. Mit geeigneter psychologischer Betreuung und Arbeitsintegrationsmaßnahmen finden viele wieder einen Weg.

Es gibt Leute, die nach einem Burnout etwas komplett anderes anpacken: Malen, Bücher schreiben, musizieren, eine Firma aufbauen, eine Weltreise machen, in die Politik gehen, Philosophie oder Theologie studieren.

Manche lassen sich scheiden, andere finden einen Partner.

Antworten auf mögliche Fragen

Wie schwer war nun der Burnout?

Er war nicht sehr schwer, aber ich habe eine kämpferische Natur und gebe nicht schnell auf. Auf der Burnout-Skala war ich mindestens auf Stufe 9 von 12.

Wenn man es an der Anzahl Ausfalltage misst, war es eher ein mittelschwerer Burnout. Allerdings brauchte ich etwa ein Jahr, um mich weitgehend zu erholen. Weil ich nach dem 23. März 2020 noch mehr als ein Jahr am gleichen Arbeitsplatz blieb, gab es immer wieder stressige Situationen und viel Ärger. Manchmal habe ich heute noch Angst vor einem Rückfall.

Welche Faktoren haben mitgespielt?

1. Meine perfektionistische Arbeitseinstellung,
2. grosse Loyalität zum CEO und der Geschäftsleitung,
3. der Tod meines Vaters,
4. meine Sensibilität,
5. mein Chef, der kaum je den Druck reduzierte,
6. mein Unvermögen, Nein zu sagen,
7. erhebliche Mehrarbeit in unserer Kirche Anfang 2020,
8. die WHO-Pandemie und alle damit verbundenen diffusen Ängste, welche trefflich von den Medien geschürt wurden,
9. meine zögerliche Bereitschaft zu Therapien.

Welche Personen haben besonders geholfen?

1. Der Pfarrer unserer Kirche (kurzfristig),
2. die Psychologin, die mir die richtigen Fragen gestellt hat,
3. meine Ehefrau,
4. eine Kollegin in der Personalabteilung.

Was hätte man anders machen können?

Ich hätte mich früher (ab November 2019) in ärztliche und psychologische Behandlung begeben sollen. Dann wäre ich wohl schon Anfang 2020 zu etwa 30 % krankgeschrieben worden. Das hätte den Druck ein wenig reduziert und auch meinem Arbeitgeber gewisse objektive Signale gegeben.

Ob es viel geändert hätte, weiss ich nicht. Aber ich hätte mit manchen Dingen in jener Firma objektiver umgehen können. Mit einer psychologischen Beratung kann man sein eigenes Verhalten in einer stressbelasteten Situation besser reflektieren.

Kann man den Burnout auf die Arbeitssituation reduzieren? Wieweit haben private Dinge und weitere Umstände mitgespielt?

Selbstverständlich kann man Arbeit und Privates sowie verschiedene Stressfaktoren nicht einfach voneinander trennen. Vieles spielt mit, kann Stress verstärken oder auch abschwächen.

Wie beschrieben begannen meine Schwierigkeiten vor allem mit dem Tod meines Vaters im Herbst 2019. Allerdings haben mir die Veränderungen in unserem Geschäft schon seit Frühling 2019 erhebliche Sorgen bereitet. Aber ab November 2019 ging es mir oft wirklich schlecht. Die Entwicklung von Januar bis März 2020 war nur eine logische Folge des Drucks, der sich in mir über das ganze Jahr 2019 sukzessive aufgebaut hat.

Wieweit liegt es an der eigenen Persönlichkeit?

Ich glaube, dass es zu zwei Dritteln an meiner Persönlichkeit und zu einem Drittel an den Umständen liegt.

Es gibt Leute, die ein viel dickeres Fell haben oder die vielleicht in jungen Jahren schon durch schwierige private oder berufliche Situationen gingen und besser gelernt haben, sich innerlich und äusserlich abzugrenzen.

Ich mache aber auch die Erfahrung mit wesentlich jüngeren Menschen, dass berufliche Veränderungen und Kritik von Vorgesetzten oder Mitarbeitern zu erheblichen Schwierigkeiten führen können. Oft handelt es sich um überdurchschnittlich intelligente und eher sensible Personen aus ganz verschiedenen Berufen.

Was hat besonders geholfen?

Autofahren (alleine), längere Spaziergänge in der Natur, Ausflüge mit dem Fahrrad.

Die Geduld meiner Ehefrau.

Das Verständnis, dass es vielen Menschen irgendwann so geht.

Die Dinge rational analysieren.

Nicht in einer Opferhaltung bleiben und aktiv neue Lösungen suchen.

Wie geht es heute und was habe ich gelernt?

Zum Zeitpunkt der Publikation dieses Buches sind nun mehr als drei Jahre vergangen. Ich habe die Dinge, auch die schmerzlichen Erfahrungen mit meinem früheren Arbeitgeber, verarbeitet.

Ich bin der festen Überzeugung, dass die gemachten Erfahrungen für mich nötig waren und mir eine Tür in einen neuen Lebensabschnitt geöffnet haben. Aufgrund meines Leistungs- und Sicherheitsdenkens wäre ich diesen Weg von mir aus nicht gegangen.

Ich habe vor allem auch gelernt, Nein zu sagen oder bei schwierigen Entscheidungen um Bedenkzeit zu bitten (oder mir diese zu nehmen).

Dritter Teil – Wie ging es weiter?

Ich unterschreibe also Ende Oktober oder Anfang November 2020 eine Vereinbarung, worin – meinem Wunsch entsprechend – ab Januar 2021 ein kleineres Stellenpensum und der Verzicht auf bestimmte Tätigkeiten festgelegt ist.

Dummerweise steht in der Vereinbarung auch, dass das Arbeitsverhältnis voraussichtlich per 30.06.2021 aufgelöst wird. Ende 2020 bin ich felsenfest überzeugt, dass man dies »flexibel« handhaben wird. Dies entspricht auch der mündlichen Vereinbarung mit meinem Chef, dass es in den ersten Monaten des Jahres 2021 weitere Standortbestimmungen und gegebenenfalls Anpassungen der Vereinbarung geben wird.

Der Personalleiter erklärt mir, dass eine solche Vereinbarung zu meinem Vorteil ist, weil sie keine explizite Kündigung beinhaltet. Im Falle einer längeren Krankschreibung wäre die Anstellung einfach weitergelaufen, mit wenig finanziellen Folgen für den Arbeitgeber oder für mich.

(In der Schweiz läuft die Krankentagegeldversicherung maximal zwei Jahre bzw. 720 Tage, danach sollte man wieder auf dem Damm sein oder in einer Abklärung oder Umschulung der Invalidenversicherung.)

Für die Zukunft habe ich keinerlei feste Pläne. Am liebsten würde ich mich (teilweise) selbstständig machen. Mit meiner Erfahrung und meinen Qualifikationen gäbe es viele Möglichkeiten. Aber mein Bruder sagt mir, dass es mindestens ein Jahr und viel Energie braucht, bis man einigermassen Boden unter den Füssen hat.

Im Winter 2020 bewerbe ich mich bei etwa sieben verschiedenen Firmen und Organisationen. Aber ich erhalte nur Absagen.

Ein einziges Stellenangebot ist recht aussichtsreich (ausser mir hat es nur zwei weitere Bewerber), wird schliesslich aber erst Mitte Februar 2021 entschieden.

Neuanfang

Zu diesem Zeitpunkt (ab Januar 2021) bin ich bereits im Gespräch mit einem Hilfswerk, das ich von früher kenne. Ich könnte dort sofort eine 70%-Stelle antreten, weil der bisherige Stelleninhaber demnächst pensioniert wird.

Der Winter 2020–2021 ist eine schwierige Zeit:

- es ist nicht klar, ob ich noch eine Weile bei meiner bisherigen Firma Teilzeit arbeiten kann,
- ich muss etwa vier Monate auf die Entscheidung bei einer grösseren Organisation warten, bei der ich mich beworben habe,
- die Stelle bei dem Hilfswerk sieht interessant aus, aber die Bezahlung ist bescheiden,
- ich hätte die Möglichkeit, etwas selbstständig aufzubauen, aber mir fehlt die Energie und der Mut dazu,
- ich könnte eine Weile »stempeln« gehen (Arbeitslosengeld beziehen), aber das ist für mich nur der allerletzte Ausweg[8].

Ende Februar 2021 entscheide ich mich (nach einer Absage bei der anderen Organisation) für das Hilfswerk in der Nähe von Zürich. Ich kann praktisch sofort beginnen und einzelne Tage dort arbeiten. Der bisherige Stelleninhaber und ich haben genau einen Monat Zeit, um die Dinge zu übergeben. Es gibt neuen Stress, aber mehrheitlich positiven Stress.

---

8 Man sagt: wenn jemand mehr als ein Jahr nicht mehr im Arbeitsprozess ist, wird es (je nach Alter) sehr schwierig, überhaupt wieder etwas zu finden. Dies hängt natürlich auch von Ausbildung und Erfahrung ab.

Die Menschen in diesem Hilfswerk sind sehr engagiert. Viele arbeiten schon fünf, zehn oder noch mehr Jahre dort, einige wurden Anfang 2021 neu eingestellt. Man erhält keinen Leistungslohn, sondern einen Bedarfslohn, welcher nach Alter, Dienstalter, Familiengrösse und einigen weiteren Kriterien bestimmt wird. Daran muss man sich zuerst gewöhnen.

Ich arbeite noch bis Ende Juni etwa drei Tage pro Woche bei der bisherigen Firma. Die Arbeit läuft einigermassen. Ich führe einige Arbeiten wie bisher weiter. Innerlich kann ich mich relativ gut abgrenzen.

Interessanterweise sind die Büros des Hilfswerks in dem Städtchen nördlich von Zürich, in dem ich als Kind aufgewachsen bin. Vieles sieht anders aus, aber ich fühle mich doch irgendwie zu Hause.

Gefühle

Ich erlebe äusserst intensive Gefühle. Das Loslassen des Alten ist schwierig, aber nötig. Die neuen Kolleginnen und Kollegen sind verständnisvoll. Ich vertraue ihnen, und mein Vertrauen wird nicht enttäuscht.

Etwa einmal im Jahr gibt es eine mehrtägige Retraite, in der man einander besser kennenlernen kann.

Ich fühle mich meistens gut, erlebe aber auch Momente der Angst und der Verzweiflung. Auch äusserlich geschehen ganz besondere Dinge.

Ungeplante Ausfälle

Anfang Juli 2021 soll ich mit einem 70%-Pensum wirklich voll bei diesem Hilfswerk beginnen.

Am 6. Juli fühle ich mich krank. Ab 7. Juli liege ich für zwei Wochen mit hohem Fieber im Bett. Ende Juli kann ich wieder arbeiten, brauche aber noch viel Ruhe und bin schnell erschöpft.

Anfang August erleidet meine Ehefrau einen Herzinfarkt. Erfreulicherweise kann sie nach wenigen Tagen im Spital wieder nach Hause; ein mehrmonatiges Therapieprogramm mit Sport, Ernährungsberatung und vielem anderen beginnt.

Ab 20. August findet eine grössere Einführung in unser internationales Hilfswerk in der Ostschweiz statt.

Mitte September habe ich quälende Schmerzen im Bauchbereich. Ich verbringe drei Tage im Spital wegen eines Nierensteins (mein erster und hoffentlich auch mein letzter). Das Ding ist nur etwa 3 x 4 mm gross, aber die schubweise auftretenden Schmerzen (Koliken) gehören zu den schlimmsten meines bisherigen Lebens. Zum Glück werde ich im nahegelegenen Kantonsspital von kompetenten Urologen und freundlichen Pflegerinnen und Pflegern behandelt.

Unmittelbar nach dem Spitalaufenthalt fahren wir für einige Tage ins Berner Oberland, wo wir eine schöne Zeit verbringen. Nur der WC-Besuch ist anfänglich noch sehr schmerzhaft.

Erst ab Oktober 2021 kann ich mich voll in die neue Arbeit investieren.

Aufbruch

Etwa im März 2022 fühle ich mich einigermassen sicher an der neuen Stelle. Ich mache keine Ingenieurarbeit mehr, habe aber anspruchsvolle Aufgaben im Finanz- und Versicherungsbereich.

Ich bin immer noch stark am Lernen, über das Wochenende abzuschalten, die Dinge von der Arbeit nicht nach Hause zu nehmen (was bei abwechselnd Büroarbeit und Homeoffice tatsächlich schwierig ist) oder nachts daran herumzugrübeln.

Dies ist ein Teil meines Charakters. Ich kann nicht über meinen Schatten springen, aber ich kann Schritt für Schritt lernen, mit den alltäglichen Herausforderungen umzugehen.

Meine heutige Chefin ist mehr als dreissig Jahre jünger als ich. Sie ist privat durch schwierige Zeiten gegangen, doch nun kann sie sich voll in die Arbeit investieren. Wir haben ein gutes und von Vertrauen und gegenseitigem Respekt geprägtes Verhältnis.

Ich weiss, dass ich (jedenfalls für die nächsten Jahre) am richtigen Ort bin.

Weil es eine spendenbasierte Organisation ist, arbeiten auch einige Freiwillige über das Pensionsalter hinaus noch mit.

Selbstverständlich wird man, wie überall in der Schweiz, mit 65 Jahren pensioniert und erhält dann die staatliche Rente (AHV) und eine Rente oder Kapital aus der Pensionskasse (BVG).

Älter werden

Mit beinahe sechzig Jahren kann man das Leben aus einer etwas anderen Perspektive betrachten.

Ich muss mich nicht beweisen.

Ich muss keine Karriere machen.

Ich muss nicht immer einen guten Eindruck bei meiner Chefin machen.

Ich darf ab und zu Fehler machen.

Ich darf mich für meine Fehler entschuldigen.

Ich darf aus meinen Fehlern lernen.

Ich muss nicht perfekt sein.

Es gibt Tage, an denen es mir emotional schlecht geht.

Im Frühling, Sommer und Herbst fahre ich viel Velo, die frische Luft und die Bewegung tut mir enorm gut.

Im Winter versuche ich, mehrmals pro Woche einen Spaziergang zu machen.

Ich lerne, mich am Leben zu freuen.

Ich muss nicht im Zentrum der Welt stehen, auch nicht in der Welt meiner Gefühle.

Ich lasse mich nicht unterkriegen.

Ich habe, auch dank des Glaubens an Gott und Jesus Christus, eine innere Stärke, die mir hilft, mit Schwierigkeiten umzugehen.

Neues Lernen

Als Ingenieur habe ich mein Leben lang hauptsächlich mit Männern zusammengearbeitet. Meine Vorgesetzten waren: André, Rainer, Bruno, Bernhard, Edouard, Stuart, Urs, Walo, Peter, Dietrich, Bernhard, Rocco, Marco, Philipp, Florian, Oliver, René, Beat und Markus.

Nun arbeite ich in einer Non-Profit-Organisation, in der etwa zwei Drittel der Mitarbeitenden Frauen sind (18 bis 62 Jahre alt, die meisten unter 35), viele sind Singles, einige verheiratet. Meine erste Chefin ist eine etwa 35-jährige Frau mit zehn Jahren Erfahrung in unserer Organisation. Dann leitet für etwa ein Jahr der Geschäftsführer (33-jährig) unser kleines Team. Ab 2022 wird Joyce meine Chefin, sie ist etwa 26 Jahre alt und arbeitet seit zwei Jahren in verschiedenen Funktionen mit. Joyce ist eine Schweizerin mit sehr internationalem Touch und drei verschiedenen Pässen.

Für einen Mann mit 35 Jahren Berufserfahrung ist es nicht ganz unkompliziert, plötzlich in einer Organisation zu arbeiten, in der ganz andere Grundsätze gelten. Selbstverständlich ist auch hier wichtig, dass am Ende des Tages die Arbeit gemacht ist. Aber es herrscht eine ausgesprochen hohe Fehlertoleranz. Fehler werden nicht kritisiert oder an den Pranger gestellt, sondern man hilft einander.

Der Geschäftsführer entschuldigt sich vor 25 Mitarbeitenden für Dinge, die zu schnell gingen.

Es gibt krankheits- oder mutterschaftsbedingte Ausfälle, die durch Mehrarbeit der Kolleginnen und Kollegen ausgeglichen werden.

Andererseits wird es nicht gern gesehen, wenn man viele Überstunden macht oder nicht alle Ferientage bezieht.

Für einen logisch denkenden Ingenieur ist dies etwa wie die Quadratur des Kreises. Den Job machen, im Finanzbereich möglichst keine Fehler machen und doch Fehler machen dürfen, viel Arbeit selbstständig und eigenverantwortlich erledigen, aber keine Überstunden machen, mit den eigenen Schwächen und den Schwächen anderer klarkommen, verzweifeln und wieder voller Freude (und auch mit vielen Tränen, für die ich mich inzwischen nicht mehr schäme) neu starten.

Mit einem 68-jährigen Buchhalter arbeiten, dann mit einer 24-jährigen Praktikantin.

Es ist nicht der Himmel, aber es ist eine extrem interessante Erfahrung.

Zum Beispiel lerne ich, dass ein unaufgeräumter Schreibtisch noch nicht das Ende der Welt bedeutet. Ich bin ein extremer »Leertischler«, mehr als drei Sichtmäppchen auf dem Tisch sind für mich schon beinahe Chaos. Ich liebe Hängeregisterschränke mit vielen Registern.

Mitten im Leben

Es ist Freitagmorgen, an dem ich normalerweise nicht arbeite. Ich fahre mit dem Zug nach Zürich und spaziere ein wenig durch die Stadt.

In der Nähe der Langstrasse werde ich um 9 Uhr morgens von einer Prostituierten angesprochen. Sie will mich auf ihr Zimmer mitnehmen, weil auf diesen Strassen normalerweise nur ihre Kunden zu Fuss kommen. Ich wehre ab.

Ich gehe weiter. Einige Leute warten auf den Bus. Es ist windiges Herbstwetter, aber gegen 10 Uhr wird es ein wenig wärmer.

Nur wenige Minuten vom Hauptbahnhof entfernt ist das Gebäude der Ausgleichskasse (SVA Zürich). Ich habe beruflich viel mit der Ausgleichskasse zu tun. Sie rechnet mit Tausenden von Firmen, Organisationen und Privatpersonen Altersrenten, Invalidenrenten, Taggelder, Mutterschaftsentschädigungen und vieles mehr ab. Bei der SVA Zürich sind etwa 1000 Mitarbeitende tätig. Es ist mit Abstand die grösste (und manchmal auch die komplizierteste) Ausgleichskasse in der Deutschschweiz.

Einige Mitarbeitende der Ausgleichskasse stehen im Eingangsbereich ohne Terminvereinbarung für Fragen zur Verfügung. Ich kann einige wichtige Dinge klären, ohne am Telefon in der Warteschlange hängen zu bleiben. Der Mitarbeiter ist freundlich und geduldig, er macht mehrere interne Telefonate, um eine schwierige Frage genau zu klären.

Ich besuche im »Sihlcity« jemanden, den ich flüchtig kennen gelernt habe. Er hat kürzlich die Stelle gewechselt. Er ist im Stress, freut sich aber doch über meinen Besuch.

Ich geniesse diesen Tag und freue mich am Leben.

Helfende Kolleginnen

Während der Sommermonate habe ich sehr viel Arbeit. Dies ist verursacht durch die internationalen Abläufe in unserem Hilfswerk. Wir sind mit tausenden Mitarbeitenden in mehr als 100 Ländern tätig.

Während viele Kolleginnen und Kollegen Ferien machen, bin ich am schuften. Ich spüre mit der Zeit, dass die Arbeit einmal mehr zu viel Platz in meinem Leben und meinen Gedanken einnimmt.

Ich schlafe mehrmals sehr schlecht und stehe erst um 8 oder 9 Uhr mit Kopfschmerzen auf. An anderen Tagen beginne ich am Morgen um 6 oder 7 Uhr mit der Arbeit zu Hause. Meine Motivation sinkt. Ich habe Mitleid mit mir selbst. Ich bin frustriert.

Zum Glück haben wir in unserer Organisation mehrere Mitarbeitende, die hauptsächlich im sogenannten People Care tätig sind. Das heisst, ich kann auf unkomplizierte Weise einen Gesprächstermin vereinbaren, wo man sehr offen über Schwierigkeiten bei der Arbeit oder auch im persönlichen Leben austauschen kann.

Die Kolleginnen im People Care haben eine psychologische Ausbildung und jahrzehntelange Erfahrung im In- und Ausland bei unserer Organisation.

Es tut gut, bei Bedarf einfach sprechen zu können und auch hilfreiche Ratschläge für die persönliche Arbeit und das Zusammenwirken mit anderen zu erhalten.

Aber **meinen** Weg beschreite ich **alleine.** Es ist **mein** Stress, **mein** Versagen und **mein** Versuch, damit klar zu kommen. Es ist das Lernen aus früherem Versagen, aus Abstürzen.

Wenn sich gewisse Stressmomente wiederholen, hilft es mir inzwischen sehr, in Ruhe zu reflektieren: warum reagiere ich so? Warum raubt es mir den Schlaf?

Ich bin am Abgrund gestanden, aber nicht gesprungen.

Irgendwo gab es eine Brücke über den Abgrund,
und der Weg ging weiter.

Es ist der Abgrund unseres Lebens,
es sind die Abgründe dieser Welt.

Es ist der **Aufbruch** zu etwas Neuem.

Schluss

Der Mensch besteht aus Fleisch und Blut, aber er ist ein spirituelles Wesen.

Das bedeutet, dass ein Symphonieorchester mehr ist als 30 einzelne Musiker.

Ein Gedicht ist mehr als einige zusammengefügte Zeilen, die sich reimen. Beim Lesen des Gedichtes spüren wir, was der Autor oder die Autorin vor vielleicht mehr als 100 Jahren beim Schreiben empfunden hat.

Eine Blume ist mehr als ein Farbklecks. Sie duftet. Sie blüht und verwelkt wieder.

Das bedeutet auch, dass materialistisches Denken und gottferne Wissenschaft uns keinen Schritt weiter bringen, sondern eher die Dunkelheit und Verwirrung auf dieser Welt vergrössern.

Das bedeutet auch, dass wir manchmal komplett umdenken müssen, uns neu orientieren (griechisch metanoia). Dieses Umdenken bringt uns zu neuen, spirituell bereichernden Erfahrungen.

Wir leben in dieser Welt, aber wir sind nicht für diese Welt gemacht.

Wir sind materiell fassbar, aber wir sind nicht für das Materialistische (Geld, Gier, Macht, Einfluss, usw.) gemacht.

Wir sind nicht für unsere Abgründe gemacht, sondern um etwas daraus zu lernen.

Wir sind nicht für den Tod gemacht, sondern für das Leben. Das Leben geht weiter, wenn wir es zulassen.

Wir brechen Altes ab, um zu neuen Ufern zu gelangen.

Das geknickte Schilfrohr wird er nicht abbrechen
und den glimmenden Docht nicht auslöschen.

Die Bibel, Altes Testament, Prophet Jesaja, Kapitel 42, Vers 3;
geschrieben mehrere hundert Jahre vor Christus.

Zitiert im Neuen Testament: Matthäus-Evangelium, Kapitel 12, Vers 20;
geschrieben im ersten Jahrhundert nach Christus;
der Schreiber des Matthäus-Evangeliums zitiert aus dem Propheten Jesaja und
bezieht die Worte auf Jesus Christus und sein Wirken.

Inhalt

Nachwort

Ich habe dieses Buch in wenigen Wochen Ende 2022 geschrieben und zuerst in einer Kleinstauflage im Freundeskreis verteilt.

Ich lebe heute zusammen mit meiner Ehefrau in der Nähe von Aarau. Unsere Söhne sind erwachsen und demnächst beide verheiratet.

Zum Schutz der im Buch erwähnten Arbeitskollegen und meiner Angehörigen verwende ich für die Publikation ein Pseudonym.

Aktuell arbeite ich mit einem 80% Pensum in einem weltweit tätigen christlichen Hilfswerk. Meine Arbeitszeit kann ich ziemlich frei einteilen. Normalerweise arbeite ich zwei Tage pro Woche zuhause und zwei Tage pro Woche in der Nähe von Zürich.

Ich fühle mich körperlich und emotional gesund.

Danke

Mein besonderer Dank gilt Christian für das sehr sorgfältige Lektorat des Textes,

Matthias, der mich im März 2020 verständnisvoll und weise beraten hat,

Sonja, die ein Stück Weg mit mir gegangen ist,

meiner Ehefrau, die weiterhin den Weg mit mir geht,

und unseren Söhnen, die aktiv die Beziehung mit uns pflegen.

Kontakt mit dem Autor

Sie können gerne an luca.rossi62@proton.me schreiben. Beachten Sie bitte, dass ich diese Mails höchstens einmal pro Woche lese und in der Regel nicht rasch beantworten kann.

Vom gleichen Autor ist bereits erschienen:

Ein gefährliches Programm versteckt sich in einem Sicherheitsupdate.
Es attackiert in der Schweiz und in ganz Europa die Computer-Netzwerke und bringt Banken und Grosskonzerne in Bedrängnis.

Niemand weiss genau, wer sich hinter diesem Angriff verbirgt und ob noch schlimmere Attacken folgen werden.

ISBN 978-3-7528-3054-5

Books on Demand, Norderstedt